ANALIZA KSIĄŻKI

Odyseja

· · · · · · · · · · · · · · · · · · ·

Homer

ANALIZA KSIĄŻKI

Napisany przez Hadrien Seret
Przetłumaczony przez Kâmil Kowalski

Odyseja

HOMER

HOMER

GRECKI POETA

- **Mówi się, że Homer żył w VIII wieku p.n.e.**
- **Jego dzieła:**
    - *Iliada*, epos
    - *Odyseja*, epopeja

O Homerze wiadomo bardzo niewiele. Z powodu tego braku informacji wielu uczonych kwestionowało realność jego istnienia. Dlatego próbując mówić o życiu Homera, mamy do czynienia z dwoma punktami widzenia:

- ten, który uważa, że Homer istniał. Jest on wówczas przedstawiany jako aedysta, czyli poeta opowiadający historie, żyjący między VIII a VII wiekiem p.n.e., oraz jako autor *Iliady* i *Odysei*;

- ten, który uważa, że nie istniał, a imię Homer jest jedynie nazwą grupy aedystów, którzy skomponowali dwa przypisywane mu dzieła. Do dziś ta debata pozostaje nierozstrzygnięta, a obie strony mają ważne argumenty.

ODYSEJA

USTNA EPOPEJA, KTÓRA PRZESZŁA DO HISTORII

- **Gatunek:** epicki

- **Wydanie referencyjne:** *Odyseja w* przekładzie Hélène Tronc i Victora Bérarda, Paryż, Gallimard, kolekcja "Folio classique", 2009, 463 s.

- **Napisane około:** VIII w. p.n.e.

- **Tematyka:** wędrówka, gniew bogów, los, mitologia, miłość

Odyseja to grecki epos liczący ponad 12 tysięcy wierszy. Historia, podzielona na 24 pieśni, skupia się na postaci Odyseusza i opowiada o jego powrocie z wojny trojańskiej. Jest on podzielony na trzy główne części:

- zgromadzenie bogów, które decyduje o powrocie Odyseusza do Itaki;

- przygody, które Odyseusz przeżywa w ciągu dziesięciu lat między opuszczeniem Troi a przybyciem na wyspę Itaka;

- Powrót Odyseusza i odwet na zalotnikach, którzy chcą poślubić jego żonę Penelopę i zrabować jej majątek, dzięki czemu odzyskuje swoją rodzinę, honor i dobra.

Oryginalność tego dzieła, wynikająca zwłaszcza z jego konstrukcji narracyjnej (z długą analeptyką w centrum dzieła), pobudziła wielu autorów na przestrzeni wieków, co zapewniło mu międzynarodową sławę.

STRESZCZENIE

 ## 👁 SUKCESY W PRACY

Stałe powodzenie tego dzieła i jego znaczenie tłumaczą liczne i różnorodne wydania tekstu. Rzeczywiście, aby udostępnić dzieło, wydawcy często usuwają pewne fragmenty, oceniane jako mniej wartościowe od innych. Dlatego też niniejsze streszczenie, zawierające całą narrację *Odysei,* może różnić się od innych wersji.

Zeus, pan bogów, zwołał swoje zgromadzenie na górze Olimp. Atena próbuje go przekonać, by uwolnił Odyseusza od gniewu Posejdona i pozwolił mu wrócić do ojczyzny, Itaki. Odyseusz, król Itaki, walczył pod Troją, a po pokonaniu tysiąca niebezpieczeństw i zrobieniu sobie wroga z Posejdona, znalazł się na wyspie nimfy Kalipso, która zakochała się w nim i trzymała go w niewoli.

W Itace zalotnicy przebywają w pałacu Odyseusza pod jego nieobecność i plądrują jego dobytek w oczekiwaniu na poślubienie Penelopy, żony greckiego bohatera. Penelopa nie wyjdzie ponownie za mąż, dopóki nie skończy tkać swojej sieci, kawałek, który niszczy każdej nocy, aby opóźnić termin. Jednak zdradzona przez służącą, która ujawnia spryt swojej pani, Penelopa jest coraz bardziej naciskana przez zalotników. W odwecie postanawiają roztrwonić dobytek Odyseusza, nie zamierzając przestać, dopóki ona nie podejmie decyzji. Zmęczony tą sytuacją Telemach, syn Odyseusza, wyrusza do

Pylos i Sparty, mając nadzieję na uzyskanie wiadomości o swoim ojcu. Gdy ma wrócić z pustymi rękami, zalotnicy urządzają zasadzkę i zabijają go.

Tymczasem Zeus, korzystając z nieobecności swojego brata Posejdona, postanowił pomóc Odyseuszowi i wysłał Hermesa do nimfy Kalipso, u której schronił się bohater, aby zmusić ją do uwolnienia go. Pozwalając na odejście, Odyseusz buduje tratwę i wyrusza w rejs. Posejdon więzi go jednak w burzy: ocalenie zawdzięcza jedynie bogini Ino i staraniom Ateny, która pozwala mu osiąść na mieliźnie u brzegów Feaków, ludu dowodzonego przez króla Alkinoosa i jego żonę Arete.

Sprowokowana snem Ateny, Nausicaa, córka Alkinoosa, idzie wyprać swoje ubrania na wybrzeżu, gdzie utknął Odyseusz i spotyka go. Nieświadoma jego tożsamości, daje mu jedzenie i ubranie, a następnie namawia go, by błagał swoją matkę, królową Arete, o gościnę, podczas gdy ona sama idzie powiedzieć ojcu o przybyciu nieznajomego. Prowadzony przez Atenę Odyseusz spełnia prośbę: po wysłuchaniu opowieści o jego katastrofie statku, Alkinoos obiecuje wyczarterować statek, który następnego dnia zabierze go z powrotem do Itaki.

Na cześć bohatera zostaje wydany bankiet. Podczas bankietu śpiewane są opowieści o wyczynach Odyseusza. Słysząc te opowieści, Odyseusz płacze. Alkinoos, zaintrygowany, pyta go o jego prawdziwą tożsamość. Odyseusz ujawnia swoją tożsamość i zaczyna opowiadać o swoich nieszczęściach.

Po zniszczeniu Troi na zakończenie dziesięcioletniej wojny, w której brał udział Odyseusz, bohater wyruszył w podróż do Itaki, swojej ojczyzny, w której towarzyszyło mu kilku żeglarzy. Najpierw zrobił postój u Cicones, gdzie wraz z towarzyszami wszystko zrabował. Jednak, zaniedbując natychmiastowe opuszczenie wyspy, obozowali na niej i następnego dnia wytrzymali kontratak, w wyniku którego ponieśli straty. Uciekając z kraju, wpadli na Lotofagów, których eliksiry zapomnienia (wymazujące własną tożsamość z pamięci tych, którzy je spożywają) również prawie dokonały spustoszenia.

Następnie żeglarze docierają na wyspę Cyklopów. Odyseusz, chcąc zobaczyć te potwory z bliska, kazał siebie i swoich towarzyszy schwytać w jaskini jednego z nich: Polifema. Polifem pożera większość towarzyszy Odyseusza. Z pomocą ocalałych, Odyseusz odurza Cyklopa i opowiada mu historie przed wydłubaniem mu oka kołkiem. Ucieka do swojego statku na grzbiecie owcy. Ciężko ranny Polifemus wezwał swojego ojca Posejdona, aby go pomścił.

Schroniwszy się u boga Aeolusa, Odyseusz otrzymał od niego winkiel pełen wiatru, który bardzo przydaje się żeglarzowi do nawigowania po morzach. W drodze powrotnej do Itaki został zdradzony przez swoich towarzyszy, którzy zbyt wcześnie otworzyli bukłak z winem, przekonani, że zawiera on złoto, przez co zboczyli z brzegu. Niedługo potem jego flota została jeszcze bardziej uszczuplona przez bitwę z gigantycznymi Lestrygonami.

Odyseusz utknął na wyspie Aiaia i wysłał tam kilku towarzyszy na zwiady. Przywitała ich Circe, mistrzyni tego miejsca. Po zrobieniu im bankietu, zamieniła ich w świnie. Nie widząc powrotu swoich ludzi, Odyseusz udał się do maga. Mimo to Hermes, uprzedziwszy go o grożącym mu niebezpieczeństwie, dał mu zioło, które miało go chronić przed złymi czarami Circe. Po otrzymaniu greckiego bohatera, Circe nie udało się zamienić go w świnię. Odyseusz uzyskał uwolnienie swoich towarzyszy i został wysłany przez Circe do świata podziemnego, aby skonsultować się z wieszczem Tejrezjaszem.

Po przybyciu do królestwa Hadesu Odyseusz wysłuchał wyroczni Tejrezjasza, który wyjawił mu przyszłe zło: będzie musiał zmierzyć się z Syrenami (których śpiewu będzie mógł słuchać będąc mocno przywiązanym do masztu i zatkawszy wcześniej uszy swoich towarzyszy woskiem). Przejdzie też obok potworów Charybdis i Scylla ryzykując utratę kolejnych ludzi. Wreszcie Tejrezjasz przestrzegł go, by nie jadł wołów z Wyspy Słońca, inaczej spotka go wielkie nieszczęście.

Bohater, wyruszywszy ponownie w rejs, widzi, że wszystkie przepowiednie wróżki się spełniają. Jednak po dotarciu na wyspę Słońca, Odyseusz został ponownie zdradzony przez swoich towarzyszy, którzy, głodując, zjedli woły. Ten czyn wywołał gniew Zeusa, który zniszczył ich wszystkich, gdy tylko wznowili żeglugę. Tylko Odyseusz uciekł bez szwanku, dryfując na wyspę Kalipso, gdzie pozostał przez siedem lat.

Poruszony tą historią Alkinoos przygotowuje obiecany statek i wysyła Odysa z powrotem do Itaki. Zaraz po wylądowaniu statek zostaje skamieniały przez rozgniewanego Posejdona. Grecki bohater, przemieniony przez Atenę w starca, udaje się do swojego dawnego hodowcy świń Eumaeusa. Eumaeus, wciąż lojalny wobec swego króla, oferuje nieznajomemu gościnę i informuje go o sytuacji w pałacu Odyseusza, który wciąż jest zajęty przez zalotników. Niedługo potem Telemachus, który właśnie wrócił z zasadzki dzięki Atenie, idzie do hodowcy świń. Odyseusz ujawnia synowi swoją tożsamość i przygotowuje ich zemstę.

Następnego dnia Telemach i Odyseusz, w postaci starca, pojawiają się na pałacowym bankiecie, gdzie są obficie obrażani przez zalotników i służącą, z powodu pozornego żebractwa Odyseusza. Penelopa wymyśla nowy podstęp, by uniknąć małżeństwa: obiecuje poślubić mężczyznę, który potrafi wygiąć łuk Odysa (który tylko on potrafi wygiąć) i przebić strzałą rząd toporów. Żadnemu z uczestników nie udaje się, poza Odyseuszem. Odyseusz, z pomocą Telemacha i kilku sojuszników, zabija wtedy zalotników.

Odyseusz przedstawia się Penelopie, a ta wita go z radością, gdy mąż wyjawia tajemnicę małżeńskiego łoża: zostało ono wyrzeźbione z drzewa, wokół którego zbudowano dom. Ten szczegół pozwala jej potwierdzić jego tożsamość. Spędzają razem noc.

Następnego dnia Odyseusz udaje się do swojego ojca Laërte, gdzie świętują swoje ponowne spotkanie. Nagle zostają zaatakowani przez oddział dowodzony przez ojca jednego z zalotników. Z pomocą Ateny i Zeusa udaje im się ich pokonać. Następnie zawierają pokój z napastnikami, którzy przeżyli bitwę i Odyseusz może ponownie rządzić Itaką.

STUDIUM POSTACI

ULYSSE

Odyseja to epos skupiony wokół jednego bohatera: Odyseusza. Odyseusz jest królem greckiej wyspy Itaki i to właśnie w tym charakterze bierze udział w wojnie trojańskiej po wezwaniu do broni przez Menelaosa. Jest mężem królowej Penelopy i ojcem Telemacha. Odyseusz posiada pewne cechy bohatera homeryckiego:

- **jest zwykłym człowiekiem, w biologicznym znaczeniu tego słowa**. Odyseusz podlega śmiertelnej naturze ludzkiej oraz swoim nieodłącznym mocnym i słabym stronom (np. gdy jego towarzysze otwierają winkiel, Odyseusz, przytłoczony zmęczeniem, śpi; często zawdzięcza swoje ocalenie boskim interwencjom, gdy jest w tarapatach; często zniechęca się i narzeka);

- **Od bliźnich odróżnia go królewska szlachetność i dobroć**. Jak wspomniano wyżej, Odyseusz jest królem Itaki. Ta suwerenna cecha, obecna u wielu innych postaci z eposów Homera (Ajax, Agamemnon, Menelaos, Achilles itd.), nadaje mu pewną obecność. Do tej charyzmy Homer często dodaje pozytywną cechę, np. dobroć (często nazywa swojego bohatera "Boskim Odyseuszem");

- **ma swoją własną jakość**. Początek *Odysei* daje nam na to wyraźną wskazówkę: Odyseusz to "człowiek tysiąca sztuczek", jak wskazuje jego homerycki epitet (wyrażenie charakteryzujące bohatera, a jednocześnie pozwalające pisarzowi aedyjskiemu mieć gotowe do recytacji fragmenty wierszy), konstruktor drewnianego konia, który zburzył miasto Troję. Jego zdolność do podstępu i oszustwa jest szczególnie widoczna podczas jego niewoli u Cyklopów: Odyseuszowi udaje się go pozbyć, wykorzystując słabość przeciwnika (jego ślepotę) i oszukuje go, nazywając siebie "Nikim", aby Polifem nie mógł odkryć jego tożsamości.

O jego roli jako głównego bohatera eposu świadczy również miejsce, jakie Homer przyznaje mu w wydarzeniach:

• w scenach bitewnych, gdzie jego wyczyny są zawsze podkreślane ze szkodą dla postaci drugoplanowych (np. gdy ludzie Odyseusza są masakrowani przez Lestrygonów, autor skupia się na swoim bohaterze, który przecina linie, by uciec);

• w bardziej intymnych momentach, jak np. na wyspie Kalipso, gdzie autor nadaje większą wagę skargom Odyseusza niż skargom nimfy.

Odyseusz może więc być postrzegany jako bohater o dwóch twarzach: jednej nieustraszonej i przebiegłej, dzięki której dokonuje słynnych wyczynów (np. masakra zalotników czy okaleczenie Cyklopa), a drugiej strasznie ludzkiej, w której zapisane są naturalne słabości jego płci i całkowite poddanie się woli bogów (cierpi zarówno z powodu gniewu Posejdona, jak i miłosierdzia Ateny).

ATENA

Córka Zeusa, Atena jest boginią-wojowniczką, której atrybutami są inteligencja i spryt, cechy, które dzieli ze swoim protegowanym Odyseuszem. Jest ona główną pomocnicą Odyseusza w jego dążeniu do zdobycia wyspy Itaki.

Jej pomoc dla głównego bohatera sięga od jawnego ratowania (np. gdy Odyseusz zostaje uwięziony przez burzę Posejdona, a ona ją przerywa) po tworzenie podstępów i kamuflaży (np. przemienia Odyseusza w starca, gdy ten ląduje w Itace, aby nie został wykryty), dzięki czemu bohater może uniknąć trudności lub zrealizować swoje plany.

Atena pełni również ważną rolę tekstową, służy bowiem jako latarnia morska dla podróży Odyseusza: w istocie to ona rozpoczyna przygody bohatera, zmuszając Zeusa do wysłania Hermesa na wyspę Kalipso, i to ona je zamyka, narzucając pokój wszystkim mieszkańcom Itaki.

PENELOPA

Królowa Itaki, Penelopa jest żoną Odyseusza i matką Telemacha. Zajmuje ważne miejsce w *Odysei* jako centralny problem ostatniego aktu opowieści. Rzeczywiście, jest obiektem pożądania zalotników, którzy trwonią jej majątek, czekając na jej ślub. Czyny te są głównymi motywami zemsty Odyseusza.

Jak większość kobiecych postaci w homeryckim uniwersum (Arete na przykład), Penelopa jest bardzo wierna w miłości, co tłumaczy sieciową stratyfikację, którą zakłada w oczekiwaniu na powrót męża. Posiada jednak szczególne cechy sprytu i inteligencji, które pozwalają jej wyłamać się z tego modelu.

TELEMACHUS

Syn Odyseusza i Penelopy, Telemach odgrywa główną rolę w pierwszych czterech pieśniach (zwanych też "Telemachią"). Nigdy nie znał swojego ojca, ale mimo to jest mu oddany. W tym jest przykładem synowskiej pobożności. Podobnie jak jego matka, jest zbuntowany zachowaniem zalotników. Niestety, choć pełni ważną rolę w społeczeństwie Ithacan, wydaje się, że brakuje mu siły: przeciwnicy nie okazują mu szacunku, prawdopodobnie ze względu na jego młodość.

Jego dążenie do odnalezienia miejsca pobytu ojca prowadzi go w podróż, wspomaganą przez Atenę, podczas której spotyka weteranów wojny trojańskiej: Nestora w Pylos i Menelaosa w Sparcie. Zagrożony śmiercią przez zalotników, którzy chcą zastawić na niego zasadzkę, przeżywa własną przygodę.

POSEJDON

Bóg oceanów, ojciec cyklopa Polifema, określany jest jako "ten, który trzęsie ziemią", jego homerycki epitet. Posejdon jest głównym przeciwnikiem Odyseusza, którego nienawidzi, ponieważ okaleczył jego syna: nie ma gorszego wroga dla żeglarza niż sam bóg morza.

Posejdon jednak, mimo swojej wszechmocy, nie może wpływać na przeznaczenie, a więc nie może zabić samego Ulissesa. Ściga go więc swoim gniewem, uniemożliwiając mu powrót do rodziny, zmuszając do bardzo długiej wędrówki i narażając na ciągłe niebezpieczeństwo: w końcu to jego załoga zapłaci cenę. Posejdon reprezentuje nieubłaganą siłę oceanu i pojawia się w *Odysei* jako bóstwo mściwe i gniewne.

KLUCZE DO CZYTANIA

PISANIE EPOPEI USTNEJ

Niezależnie od dowodów lub ich braku na jego istnienie, Homer nie może być uznany za autora, we współczesnym sensie, *Odysei*. Dziś pojęcie "autor" implikuje pojęcie oryginalnej twórczości, które jest nieobecne u greckiego pisarza aedycznego.

Odyseja była pierwotnie przedstawiana jako zbiór legend obracających się wokół postaci Odyseusza i była przekazywana społeczeństwu jedynie ustnie. Ta oralność sugeruje, że było tyle wersji Odysei, ile było aedesów w Grecji, z których każdy mógł zmodyfikować historię zgodnie ze swoją kreatywnością lub swoją specyfiką jako aedes (każdy aedes miał swój własny sposób opowiadania historii).

Jeśli istniał, to logiczne jest, że Homer miał również własną wersję *Odysei*. Dzięki jego sławie jako poety i prawdopodobnej wysokiej jakości jego dzieła, stałoby się ono wersją referencyjną przed utrwaleniem na piśmie. To Ateńczyk Pisistratus (ᵛ w. p.n.e.) zebrał różne wersje dzieła i zachował je w bibliotece. Podziału opowieści na 24 śpiewy dokonali greccy uczeni w bibliotece aleksandryjskiej ze względu na wygodę czytania.

Należy zatem uświadomić sobie, że oryginalność Homera tkwi w narracji utworu, która zbudowana jest na kilku zazębiających się narracjach oraz wykorzystaniu mise en abyme i retrospekcji, a nie w jego treści.

WARUNKI DLA DEKLAMACJI

Eposy homeryckie były pierwotnie ustne, recytowane przez aedesa przed publicznością. Długość tych epickich opowieści zmuszała aedes do recytowania ich tekstu przez kilka dni, a duża liczba wydarzeń do opowiedzenia często zmuszała opowiadającego do uciekania się do sztuczek ułatwiających zapamiętanie, aby nie zapomnieć jakiejś istotnej sceny w opowieści.

 EPOPEJA

Epos to długi poemat epicki, który relacjonuje wyczyny postaci mitologicznej lub historycznej. Ponieważ poemat epicki ma za zadanie wychwalać postać lub naród, hiperboli i innych wyolbrzymień jest mnóstwo. Tradycyjnie epika ma swoje korzenie w oralności.

Najstarszym znanym eposem jest *Epos o Gilgameszu*, datowany na III tysiąclecie p.n.e., skomponowany w języku sumeryjskim i oparty zarówno na legendach sumeryjskich, jak i babilońskich.

Homerycki epitet

Jest to zabieg stylistyczny polegający na nadaniu postaci określonej cechy i powtarzaniu jej w kółko w celu utworzenia łatwego do zapamiętania wyrazu.

Na przykład Odyseusz jest stale określany jako "boski" lub "znakomity", świta jest zawsze zaopatrzona w "różowe palce", a Atena często wyróżnia się "perskimi oczami". Te wszechobecne formuły, wyznaczające i punktujące narrację, najczęściej występują w kluczowych momentach epopei.

Heksametr daktylowy

Czytając *Odyseję*, należy pamiętać, że przekład prozatorski proponowany we współczesnych wydaniach dzieła jest jedynie dostosowaniem do obecnych zwyczajów czytelniczych. Rzeczywiście, "tekst oryginalny" został napisany wersalikami, a ten ostatni przeznaczony był do intonowania, czyli śpiewania, przed tłumem. Tak więc oprócz opracowania swojej osobistej wersji historii, którą chciał opowiedzieć, co ułatwiało jej zapamiętanie, aedysta opierał swoją oryginalność także na swoich walorach oratora, grając na skandynawizacji tekstu.

Greckim wierszem epickim par excellence jest heksametr daktylowy. Jest to wers złożony z sześciu daktyli, przy czym daktyl to następstwo długiej sylaby z dwiema krótkimi. Czasami daktyl mógł być zastąpiony spondelem, który składał się z dwóch długich sylab następujących po sobie.

Podczas wypowiadania krótka sylaba daje wrażenie szybkości, natomiast długa sylaba, ze względu na swoją długość, jest wypowiadana wolniej.

Praca artysty aedycznego polega więc na umieszczaniu odpowiednich rytmów w odpowiednich miejscach narracji: często preferuje on szybkość do opisywania bardzo żywych akcji, takich jak na przykład bitwy, a powolność do bardziej poważnych lub uroczystych momentów, takich jak skargi czy monologi. Ta zabawa rytmem i jego zmianami pomaga utrzymać uwagę słuchacza, jednocześnie ożywiając opowieść.

STRUKTURA PRACY

Struktura narracyjna *Odysei* pozwala na narracyjne efekty stylistyczne i inscenizację opowieści. Epos składa się z czterech głównych części:

- **Telemachy**. W tej części pojawia się Telemach, który wyrusza w poszukiwaniu odpowiedzi na temat stanu zdrowia swojego ojca, oraz wprowadza postać Odyseusza bez jego faktycznego pojawienia się. Tym samym aura tajemniczości otacza bohatera. Wszyscy o nim mówią, często z podziwem, ale nikt nie wie gdzie jest, niektórzy bohaterowie uważają nawet, że nie żyje;

- **Przygody** Odyseusza, od wypłynięcia z wyspy Kalipso do przybycia na dwór Alkinoosa. Pojawia się bohater, a także niebezpieczeństwa, które na niego czyhają. Odyseusz staje się wówczas gawędziarzem, opowiadającym o swoich nieszczęściach witającemu go dworowi i czytelnikowi;

- **przygody Odyseusza**. W tym momencie eposu narratorem staje się Odyseusz, a z narracji trzecioosobowej przechodzimy do pierwszoosobowej. Postać, która została nam przedstawiona przez osoby trzecie (narratora i innych bohaterów) zajmuje swoje miejsce w centrum opowieści. Rytm się zmienia, a wydarzenia następują po sobie;

- **Powrót Odyseusza**. Wszechwiedzący narrator powraca po zakończeniu opowieści przez Odysa na ostatni wyczyn bohatera, powrót do domu i walkę z zalotnikami: utwór nabiera wówczas wojennego zabarwienia. Nieszczęścia Odyseusza należą już do przeszłości i czas zrobić drogę do zdobycia wytęsknionego domu.

Odyseja nie spieszy się z tworzeniem postaci i ujawnianiem fabuły. Jest to opowieść porywająca w swojej strukturze. Ponieważ wiersz ma być recytowany przed publicznością, w strukturze opowiadania widać poszukiwanie sensacji. Ulisses potrzebuje czterech pieśni, by pojawić się wyraźnie. Gdy już się pojawi, przeżywa spektakularne przygody, zanim połączy się z aedikiem, by opowiedzieć swoje perypetie w długim mise en abyme zakończonym triumfalnym powrotem. To poszukiwanie spektaklu pozwala nam mówić o inscenizacji, gdy przywołujemy *Odyseję*.

TEMATYKA *"ODYSEI"*

Los

Kilkakrotnie można zauważyć, że Odyseusz nie ma kontroli nad własną egzystencją. Często uwikłany w konflikt bogów, to właśnie bogowie wpływają na jego życie do tego stopnia, że staje się niemal bezsilną marionetką. Jest wiele przykładów tego poddania się woli bogów: Zeus pozwala mu opuścić wyspę Kalipso, Atena i Ino prowadzą go bezpiecznie do Pheacia, a Tejrezjasz podpowiada mu kurs, który ma obrać. Sam bohater zdaje się być świadomy tej manipulacji, bo nie waha się oskarżać bogów, gdy spotyka go coś złego. Bogowie ingerują w sprawy śmiertelników, ale sami podlegają rygorom losu. Atena nie może więc pomóc Odyseuszowi bezpośrednio, jedynie mu pomóc i pokierować.

Powrót

Odyseja opowiada o powrocie Odyseusza do ojczyzny. Dla Odyseusza ten powrót jest dwojakiego rodzaju:

- **powrót materialny: mszcząc się** na zalotnikach, Odyseusz odzyskuje cały swój majątek, prestiż i koronę królewską;

- **powrót psychologiczny:** zdobycie Itaki przez Odyseusza oznacza jego pragnienie powrotu do życia sprzed wojny trojańskiej, które było synonimem szczęścia.

👁 WOJNA TROJAŃSKA

Wojna trojańska to bardzo ważny konflikt mitologiczny w tradycji starożytnej Grecji. Jednym z jej najsłynniejszych epizodów jest opowiedziany przez Homera w *Iliadzie* gniew Achillesa, w którym Achilles, najlepszy wojownik achajski (nazwa nadana przez Greków), wycofał się do swojego namiotu po sporze z królem Agamemnonem, który dowodził grecką armią, co wpłynęło na kierunek konfliktu: Achilles był niezbędny do wygrania wojny. W wojnie tej walczyło wielu bohaterów mitologicznych (jak Ajax, Nestor, Odyseusz, Menelaos…), a także bogowie. Odyseusz ma bardzo ważną rolę w rozwiązaniu konfliktu, dzięki słynnej sztuczce z koniem trojańskim. Grecy, ukryci w dużym drewnianym koniu, przeniknęli do miasta po tym, jak jego mieszkańcy, widząc w koniu ofiarę, wnieśli go w jego mury.

Miłość

Motyw ten przewija się przez całą *Odyseję,* a krystalizuje się szczególnie wokół osoby Odysa. Ze względu na swoje naturalne piękno (czasem wzmocnione kilkoma boskimi urządzeniami), bohater jest często przedstawiany jako uwodziciel wbrew sobie. Dlatego wiele kobiet chciałoby go poślubić: Circe, która zaprasza go do wspólnego łoża, Nausicaa, którą urzeka jego charyzma, czy Kalipso, która oferuje mu nie-śmiertelność, jeśli Odyseusz odda jej swoje serce. Sytuacje te są dla Homera okazją do wzmocnienia moralnego charakteru bohatera: Odyseusz systematycznie odmawia miłości do kobiet innych niż Penelopa, choć zgadza się dzielić łoże z Kalipso i Circe, bo nikt nie powinien odmawiać dzielenia łoża bogini.

Cudowność

Cudowność znajduje się w samym sercu *Odysei*. To nadaje tekstowi ciekawości i magii. W trakcie swojej wyprawy Odyseusz styka się więc z dwoma rodzajami nierealnych zjawisk:

- **boskie cudo:** wszystkie boskie interwencje dokonane w trakcie pracy. Przykładem może być przemiana Odyseusza w starca, skamienienie łodzi Alkinoosa przez Posejdona czy burza wywołana przez Zeusa;

- **legendarna cudowność**, która przejawia się przede wszystkim w bestiariuszu, czyli stworzeniach i innych potworach powołanych do życia przez Homera: Charybda, Scylla, Cyklop i inne Syreny to obrzydliwości prosto z greckiej tradycji mitologicznej, które reprezentują niebezpieczeństwa związane z nieznanym i którym aedyk nadał swoje listy szlacheckie

INTERTEKSTUALNOŚĆ W *ODYSEI*

Odyseja wpisuje się w większe ramy, w zbiór bardzo licznych i różnorodnych mitologii. Bohaterowie tego eposu występują również w innych mitach lub stykają się z innymi bohaterami mitologicznymi. W *Odysei pobrzmiewają* echa innych mitów związanych z wojną trojańską: pojawiają się reminiscencje *Iliady*, ale także *Orestei* (mit o powrocie Agamemnona, zabitego przez żonę Klitajmestrę i jej kochanka Aegistusa, pomszczonego przez syna Orestesa). Odniesienia te spełniają dwie funkcje:

- **mity pełnią rolę moralnego kompasu dla bohaterów.** Historię Orestesa należy studiować równolegle z historią Telemacha:

- Wiele postaci podnosi Orestesa do rangi wzoru synowskiej pobożności. Szczególnie Zeus, Atena i Nestor wychwalają jego zasługi w *Odysei*;

- Telemach wykazuje taką samą lojalność wobec ojca jak Orestes, który nie zawahał się zabić swojej matki i jej kochanka, aby pomścić ojca. Klitajmestra, żona Agamemnona, pojawia się jako anty-Penelopa, przed którą Odyseusz ucieka. Jeśli Penelopa jest obrazem wierności, to nie dotyczy to Klitajmestry, która jest podwójnie świętokradcza: nie jest wierna mężowi i morduje go;

- Helen, która pojawia się w eposie i staje u boku Menelaosa, reprezentuje odkupienie. Zostało jej wybaczone, choć jest dla siebie surowa "za sukę, którą byłam, wy Grecy/ mieliście nieść śmiałą wojnę pod Ilion" (Pieśń IV, w. 145-146);

- **W mitach tych można znaleźć również paralele z przygodami Odyseusza**. Pewne motywy mityczne występują w *Odysei*:

- W Pieśni IV Helena opowiada Telemachowi, jak Odyseusz w przebraniu żebraka przeniknął do Troi. Epizod ten nawiązuje do ostatnich pieśni *Odysei*, kiedy to Odyseusz w przebraniu biedaka wraca do domu obcy. W obu przypadkach bohater przebiera się, by wejść w nieprzyjazne miejsce;

- Inną paralelę można znaleźć w relacji Menelaosa o podstępie wobec Heleny. W czasie wojny, aby zmusić Achajów do zdrady swoich pozycji, wzywała ich, naśladując głos ich towarzyszy. Odyseusz jest jedynym, który nie wpadł w pułapkę. W świetle tej anegdoty możemy pomyśleć o nieszczęściu doświadczonym przez syreny;

- Duch Agamemnona ostrzega Odyseusza przed niebezpieczeństwem, jakie grozi mu po powrocie do domu, opowiadając o tym, jak zakończyło się jego życie.

Istnieje więc idea powtarzania się schematów, a mity przeszłości pełnią rolę ostrzeżeń dla przyszłych prób.

Główną funkcją mitologii w *Odysei,* podobnie jak w rzeczywistości, jest pełnienie roli moralnego zabezpieczenia. Pełni funkcję wychowawczą: służy wskazaniu drogi przez modele i pomaga zapobiegać przyszłym trudnościom. Ciekawostką jest, że intertekstualność jest tak obecna w *Odysei,* że bohater, na kilka utworów, sam staje się aedytorem. Dodatek poezji jest więc bardzo silny.

POTOMNOŚĆ *ODYSEI* W JĘZYKU FRANCUSKIM

Choć dziś, dzięki sukcesowi książki o tym samym tytule, słowo "odyseja" stało się potocznym rzeczownikiem oznaczającym zbiór przygód lub perypetii, to wcześniej nie zawsze tak było. Odyseja" była pierwotnie greckim słowem oznaczającym epos Odyseusza: oznaczała "przygody Odyseusza". W rzeczywistości imię "Odyseusz" było rzymskim tworem, który zastąpił greckie imię bohatera z Itaki.

Odyseja wywarła tak wielki wpływ na literaturę w ogóle, że niektóre jej sceny stały się przysłowiowe:

- "Przejść z Charybdy do Scylli": ta lokacja oznacza "ucieczkę od jednego niebezpieczeństwa, aby lepiej rzucić się w inne", takie jak te dwa potwory, które reprezentują dwie straszne alternatywy dla Ulissesa. Rzeczywiście, aby uniknąć jednego z potworów, musi rzucić się w szpony drugiego;

- "Pieśń syren": wyrażenie to oznacza, że należy być ostrożnym wobec pozorów, ponieważ mogą one być zwodnicze, tak jak syreny, których wspaniały wygląd i urzekająca pieśń kryją w sobie niebezpieczeństwo, które reprezentują;

- "Sieć Penelopy": zwrot ten określa dzieło, które jest ciągle wznawiane lub którego końca nie widać.

ODYSEUSZ – BOHATER NIETYPOWY

Bohater grecki to postać fantastyczna, zrodzona ze związku śmiertelnika i bóstwa, która doświadcza rozrzutnego losu. Najsłynniejszym greckim bohaterem jest Herakles (Herkules po łacinie), syn Zeusa i śmiertelnej kobiety, który musiał wykonać słynne dwanaście prac i był ścigany przez gniew Hery. *Iliada* jest pełna bohaterów. Wojna trojańska to wojna bogów i bohaterów par excellence, a wielu z nich rywalizowało ze sobą (Achilles, Hektor, Menelaos, Diomedes, Ajax, Kastor i Polluks…), a wśród nich Odyseusz. Ten jest wyjątkowy.

- **W "boskim Odyseuszu" nie ma nic boskiego.** Zrodzony ze śmiertelnych rodziców, jego atrybutem nie jest ani nadnaturalna siła fizyczna, ani supermoc w walce, lecz umiejętność: spryt. Jeśli porównamy Odyseusza i Achillesa, zdamy sobie sprawę, że ten pierwszy może wydawać się blady w porównaniu z tym drugim. Jeśli atrybutami Achillesa są tarcza i włócznia (wyposażenie hoplitów, nazwa nadana greckim piechurom, którzy szli do walki), to dla Odyseusza jest to spryt i łuk (broń używana do walki z daleka). Jeśli chodzi o zaręczyny pod Troją, to obaj bohaterowie prawie uniknęli konfliktu, ale o ile w przypadku Achillesa jest to zasługa Tetydy, jego matki, która przebrała go za kobietę, by go chronić, to nie jest to przypadek Odyseusza, który robi z siebie głupca w nadziei, że nie zostanie powołany. Dzięki tym przesłankom bohater może potem wyglądać jak tchórz i tchórz. Ciekawostką jest, że syn Odyseusza ma na imię Telemachus. Imię to składa się z dwóch greckich słów *Télé* (daleko) i *Mâkhé* (walczyć), które oznaczają "Ten, który walczy z daleka". Imię syna nadawane jest zwykle zgodnie z cechami ojca: można się więc zastanawiać, czy imię to nie jest żartem mającym na celu oznaczenie Odyseusza, postaci polegającej bardziej na sprycie niż na odwadze;

- **Odyseusz popełnia wiele fatalnych błędów.** To jego ciekawość, która napędza go do spotkania z Cyklopem, a po sukcesie w ucieczce przed nim, skazuje całą swoją załogę, gdy w momencie *hybris* (duma), pijany ze zwycięstwa, ujawnia swoje prawdziwe imię (rysunek gniew Posejdona na niego). W opowieści o nieszczęściach Odyseusza jawi się on jako bardzo ułomny, dużo lamentuje i płacze: ma nawet problemy ze zdobyciem szacunku swojej załogi.

Otwierają winkiel wiatrów i jedzą woły słońca mimo jego ostrzeżeń. Jeden z nich, Eurylochus, kwestionuje nawet osąd Odysa podczas epizodu z Circe: "To przez niego, przez jego wściekłość zginęli" (Pieśń X, w. 437) – mówi mu, ściągając na siebie gniew bohatera;

- **Motywy Odyseusza nie są heroiczne**. Podczas gdy Achilles i inni bohaterowie walczą, by zapewnić sobie *kleos* (chwałę), motywacją Odyseusza jest powrót do domu. Nie jest przeznaczony do żadnej szczególnej sławy. Sława jest zarezerwowana dla wojny: dostęp do niej mają tylko ci, którzy wyróżniają się na polu walki. Odyseusz już na początku utworu jest znanym bohaterem, ze względu na swój udział w wojnie trojańskiej. Atena, w postaci Mentora, wytyka mu w wersach 226-235 Canto XXII, że nie ma już tego samego męstwa, co podczas tamtej wojny. Czy wypowiadając te słowa ma na myśli zapewnienie o swojej determinacji do wyrżnięcia zalotników, czy też naprawdę ma na myśli to, co mówi? W każdym razie dziwne jest zarzucanie bohaterowi braku męstwa.

Odyseusz wydaje się więc mniej silny niż inni bohaterowie epopei, ale jest nie mniej zasłużony. Nie jest on chyba parodią bohatera, ale reprezentuje inną formę bohatera: bohatera ludzkiego. To zupełnie zwyczajna postać, która trafia na walkę z przeciwnościami, które przerastają go zakresem i siłą. Odyseusz nie może nic zrobić, z bronią w ręku, przeciwko takim przeciwnikom jak Posejdon, Polifem czy olbrzymie Lestrygony. To, co jednak może zrobić, to wykorzystać swoją ludzką pomysłowość, aby wyjść z tych wszystkich niebezpiecznych sytuacji. Ten bohater, który ucieka, przebiera się i nie zawsze udaje mu się wzbudzić zaufanie u swoich towarzyszy, jest prostym człowiekiem, który niczego nie pragnie bardziej niż powrotu do rodziny. Dziś Ulisses jest wzorem bohatera przebiegłego, wykorzystującego swój intelekt. Jest też bohaterem-przygodowym, który wychodzi na spotkanie nieznanego: jest bohaterem wędrującym.

DROGI DO REFLEKSJI

KILKA PYTAŃ DO DALSZEJ REFLEKSJI...

- W przeciwieństwie do większości mitycznych bohaterów, Odyseusz nie ma specjalnych cech fizycznych (nie ma nadludzkiej siły czy nietykalności). Udaje mu się jednak dokonywać niezwykłych wyczynów. Jak on to robi?

- Bogowie mają ogromne znaczenie i są wszechobecni w opowieści. Co ich charakteryzuje? Czym różnią się one od katolickiej koncepcji boga?

- Scena winiarni nawiązuje do ciekawości mężczyzn. Czy nie możemy znaleźć podobnych epizodów w innych mitach?

- Jak Penelopa udaremnia niecierpliwość swoich zalotników? Czy ten stratagem nie przypomina nam boskich kar, na które skazani są inni mitologiczni bohaterowie? Co symbolizują te zadania?

- Jaką rolę odgrywa Atena? Jak materializują się jej interwencje?

- Jakie cechy stylistyczne wskazują na ustny charakter twórczości Homera?

- Czy możemy uznać Odyseusza za postać wolną od swoich wyborów? Dlaczego tak jest?

- Jaką rolę w utworze odgrywa miłość? Jak to wygląda?

- Wyjaśnij podobieństwo *Eneidy* Wergiliusza (poeta łaciński, 70-19 p.n.e.) do *Odysei*, zarówno pod względem treści, jak i stylu.

- Odyseusz podczas swoich podróży odwiedza królestwo zmarłych. Czy znasz innych bohaterów mitologicznych, którzy dokonali podobnego wyczynu? Jeśli tak, to porównaj ich przygody z przygodami Odyseusza.

ABY PÓJŚĆ DALEJ

WYDANIE REFERENCYJNE

HOMÈRE, The *Odyssey,* edition by Brunet P., Paris, Gallimard, kolekcja «Folio Classique», 2009.

BADANIA PORÓWNAWCZE

BÉRARD V., *L'Odyssée d'Homère: étude et analyse*, Paris, Mellottée, 1954.

COMMELIN P., *Mythologie grecque et romaine*, Paris, Pocket, 1994

DE ROMILLY J., *Homère,* Paris, PUF, kolekcja «Que sais-je?», 1992.

PUCCI P., *Ulysse polutropos, lectures intertextuelles de l'*Iliade *et l'*Odyssée, Lille, Presses Universitaire du Septentrion, 1995.

SAÏD S., *Homère et l'*Odyssée, Paris, Belin, coll. «Sujets», 1998

THALMANN W. G., The Odyssey: *An Epic Of Return,* New-York, Twayne's Publishers, seria "Twayne's Masterwork Studies", 1992.

ADAPTACJA

Odyseja została zaadaptowana na film jako peplum, w reżyserii Mario Camerini z Kirkiem Douglasem i Silvaną Mangano, Włochy, 1954.

Odyseja, miniserial telewizyjny w reżyserii Franco Rossiego, z Bekim Fehmiu i Irene Papas, Włochy, 1968.

Chcemy usłyszeć od Ciebie, co się dzieje!
Zostaw komentarz na temat swojej internetowej biblioteki
i podziel się swoimi ulubionymi książkami w mediach społecznościowych!

www.50minutes.com

Master ISBN: 9782808694063
Papierowy ISBN: 9782808615464
Depozyt prawny: D/2023/12603/1826

Verhaal: © Primento

Projekt cyfrowy: Primento, cyfrowy partner wydawców.